DOSYE REKEN YO

REKEN TOWO BÈF YO

Pa Julie K. Lundgren
Jean-Pierre Gaston

Yon Liv Crabtree Plantules

TAB DE KONTNI

Crabtree Publishing
crabtreebooks.com

Sipò de Lekòl a Kay pou Moun Kap Bay Swen ak Pwofesè yo

Liv sa ede timoun yo grandi lespri yo nan kite yo pratike lekti. Men kèk kesyon kap ede lektè yo bati konpreyansyon konpetans yo. Epons posib yo parèt an wouj.

Anvan Lekti:

- De kisa mwen panse liv sa ap pale?
    - *Mwen panse ke liv sa se sou reken towo bèf yo.*
    - *Mwen panse ke reken towo bèf yo gwo anpil.*

- Kisa mwen vle aprann sou sijè sa?
    - *Mwen vle aprann poukisa reken mòde moun.*
    - *Mwen vle aprann gwosè reken towo bèf yo.*

Pandan Lekti:

- Mwen mande poukisa...
    - *Mwen mande poukisa reken towo bèf yo al lachas lajounen ak lannwit.*
    - *Mwen mande poukisa pwason remoras yo kenbe reken towo bèf yo pwòp.*

- Kisa mwen te aprann jiskaprezan?
    - *Mwen te aprann ke reken towo bèf yo ka viv nan dlo sale ak dlo fre.*
    - *Mwen te aprann ke reken towo bèf yo sitou ap viv nan dlo sale tou pre peyi yo.*

Aprè lekti:

- Ki detay mwen te aprann sou sijè sa?
    - *Mwen te aprann ke dlo fre la rivyè yo ak lak yo pa sale tankou dlo lanmè yo.*
    - *Mwen te aprann ke jèn reken towo bèf yo rele pups.*

- Li liv la ankò epi chèche mo vokabilè yo.
    - *Mwen wè mo* ***byen ranpli*** *nan paj 8, ak mo* ***remoras*** *nan paj 16. Lòt mo glosè yo nan paj 22 ak 23.*

REKEN TOWO BĒF YO

Moulen! Mòde! Kraze!

Reken towo bèf ki grangou yo al lachas lajounen ak lannwit.

Reken towo bèf yo manje pwason ak **rai** yo.

SA KI SOTI NAN DOSYE YO

Reken gen ranje **dan** byen file.

Reken towo bèf yo **byen ranpli** tankou yon vre towo bèf.

SA KI SOTI NAN DOSYE YO

Yo rele jenn yo pups.

Reken towo bèf yo peze ant 200 ak 500 liv (90 ak 227 kg).

Yo rete nan **dlo sale**
tou pre peyi yo.

Kontrèman ak pifò lòt reken yo, yo ka viv tou nan **dlo fre**.

Remoras yo kenbe reken towo bèf yo pwòp.

Remoras yo manje ti moso manje ki kole sou kò reken an.

Apre yo fini netwayaj yo, reken towo bèf yo retounen nan lachas la.

GLOSÈ

byen ranpli: Bèt byen ranpli yo gen kò epè ak gwo.

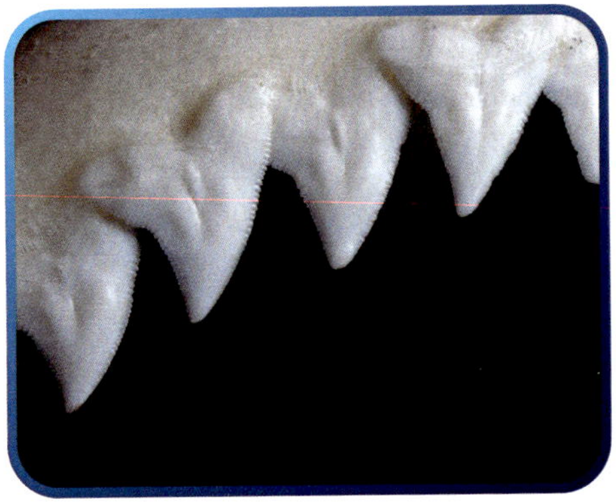

dan: Dan yo blan, ti pati zo nan yon bouch ke yo itilize pou mòde ak moulen.

dlo fre: Dlo fre la rivyè yo ak lak yo pa sale tankou dlo lanmè yo.

dlo sale: Dlo sale se dlo sale ki plen lanmè Latè a.

rai yo: Rai yo se bèt lanmè ak gro najwa ki bat pou naje, ak ke long ki mens.

remoras yo: Remoras yo se pwason ki netwaye rès ti moso manje ki kole sou reken yo.

Endèks

Sou Otè A

Julie K. Lundgren

Julie K. Lundgren te grandi tou pre Lak Siperyè kote li te revele ke li te konn jwe nan forè yo, ranmase frèz yo, ak agrandi koleksyon wòch li yo. Enterè li mennen li nan pran yon degre nan byoloji. Li rete nan Minnesota ak fanmi li.

Websites

https://kids.nationalgeographic.com/animals/fish/bull-shark

https://easyscienceforkids.com/all-about-sharks

Crabtree Publishing

crabtreebooks.com 800-387-7650

Ekri pa: Julie K. Lundgren
Ki fèt pa: Jennifer Dydyk
Editè pa: Kelli Hicks
Korektè: Janine Deschenes
Tradui pa: Jean-Pierre Gaston

Photographs: Shark illustration on cover logo © BATKA/Shutterstock; white shark illustration for "FROM THE FILES" © Dashikka/Shutterstock; Cover photo © Andrea Izzotti/Shutterstock; page 3 © Carlos Grillo/istock; page 5 (top) © Divepic/istock, (bottom) © izanbar/istock; page 6 © Matthew R McClure/Shutterstock; page 7 © June Jacobsen/istock; page 9 (photo) © 97420280/Shutterstock, (illustration) © Bullet_Chained/istock; page 11 (tractor) © Valentin Valkov/Shutterstock, (shark) © Divepic/istock; page 13 © Leonardo Gonzalez/Shutterstock; page 14 (photo only) © Valerijs Novickis/Shutterstock; page 15 © dangarneau/istock; page 17 © Fiona Ayerst/Shutterstock; page 19 © FionaAyerst/istock; page 21 © June Jacobsen/istock; page 22 (top) © Doucefleur/istock, (middle) © Shahar Shabtai/Shutterstock; page 23 (top) © Anastasia Deriy/istock

Published in Canada
Crabtree Publishing
616 Welland Avenue
St. Catharines, Ontario
L2M 5V6

Published in the United States
Crabtree Publishing
347 Fifth Avenue
Suite 1402-145
New York, NY 10016

Paperback 978-1-0396-2315-6
Ebook (pdf) 978-1-0396-2321-7
Epub 978-1-0396-2327-9

Library and Archives Canada Cataloguing in Publication
Available at the Library and Archives Canada

Library of Congress Cataloging-in-Publication Data
Available at the Library of Congress

Printed in the U.S.A./082025/CP20250814